Die Kinderaussage vor Gericht

Vortrag

gehalten in der Vereinigung der Richter in Berlin

von

Dr. Adolf Baginsky

a. o. Professor der Kinderheilkunde a. d. Universität Berlin
Geheimer Medizinalrat

Berlin 1910.

J. Guttentag, Verlagsbuchhandlung,

G. m. b. H.

M. H. Der Tatsache, daß ich gelegentlich eines Vortrages auf dem Kongress für Kinderpsychologie in Berlin, im Jahre 1907, „Über die Impressionabilität der Kinder unter dem Einflusse des Milieus“ am Schlusse meiner Ausführungen auf die forensische Bedeutung der erwiesenen Impressionabilität hinwies und die Gefahren bzw. die Wertlosigkeit der kindlichen Aussage vor dem Gerichte streifend betonte, verdanke ich die Ehre der Einladung Ihres Herrn Vorsitzenden, vor einem so bedeutsamen Forum, wie es der Verein der Richter Berlins ist, über diese letzte von mir gezogene Schlußfolge mich nochmals des Ausführlicheren auszusprechen. — Freilich habe ich seit der damaligen ersten Erwähnung der Kinderaussagen auch sonst noch in der Öffentlichkeit den Gegenstand in mehr populärer Weise und Darstellung in einem Artikel in der „Woche“ erörtert, und endlich haben mich Sachverständigen-Gutachten, zu denen ich im Kriminalprozeß mehrere Male seitens der beteiligten Anwaltschaft herangezogen wurde, in der praktisch-gerichtlichen Tätigkeit mit demselben Gegenstande in Beziehung gebracht. — So ist es erklärlich, daß ich hier vor Ihnen stehe, um nochmals das Wort in der wichtigen und gewiß schwerwiegenden Angelegenheit zu nehmen. — Nicht ohne schwere Bedenken habe ich, wie eigentlich jedes Mal, wenn mich der Gegenstand beschäftigte, so auch dieses Mal, den Entschluß gefaßt, demselben näher zu treten. Dieses Mal um so mehr, als ich in Ihnen doch Männern gegenüberstehe, die gereift in praktischer Erfahrung auf allen Gebieten des Rechtslebens, die erwählten und bestellten Richter des Volkes, imstande sind, eine ernste Kritik an dem zu üben, was entweder lediglich theoretisch abgeleitet oder, wenn dies bei mir nicht eben zutrifft, so doch von einem anderen Gebiete der Beobachtung und Erfahrung genommen, auf das forensische Gebiet übertragen ist — was bei mir tatsächlich zutrifft. Denn lediglich aus den gelegentlich der Krankenbeobachtung empfangenen Eindrücken und Erfahrungen her, habe ich dem Gegenstande auch die forensische Seite seiner Bedeutung abgewonnen. Allerdings nachdem vieler Jahre innigster und eifrigster Umgang mit dem Kinde in allen Altersstufen, vom Säuglingsalter bis zur Pubertät, mir die Möglichkeit eröffnet hat, in das Seelenleben und in die seelische Eigenart des Kindes einigermaßen tief hineinzublicken. Nicht als schulgerechter Psychologe und Philosoph, sondern als Arzt lediglich dem kindlichen Leiden mich widmend, bin ich mit dem Kinde bekannt geworden. — So steht also auch mir, wie Ihnen m. H., vorzugsweise oder recht eigentlich nur die praktische Erfahrung zur Seite und so wird, wie ich hoffe, der gemeinsame Boden von Hause aus eine Verständigung ermöglichen und auch leicht machen.

M. H. Seit Menschengedenken, und so lange Menschen überhaupt Recht gesprochen haben, ist die Zeugenaussage dasjenige Instrument gewesen, dessen sich der Richtende bedient, das Recht zu schaffen und zu geben. Die Zeugenaussage ist im Rechtsverfahren, so einfach auch dasselbe im Urzustande war, oder so kompliziert es sich im hochentwickelten Kulturleben gestaltet, unentbehrlich. Durch „der Zeugen Mund wird die Wahrheit kund“. — Ist es aber so, dann muß verlangt werden, daß das Instrument, dessen sich der Richter bedient, die höchste Vollkommenheit besitzt; denn Wohl und Wehe, Leben und Tod, Ehre und Schande, Besitz und Entziehung hängen von der Güte und Vollwertigkeit des Zeugeninstrumentes ab, und wie der Forscher auf naturwissenschaftlichem Gebiete sich nur des allerbesten physikalischen Instrumentes bedienen darf, der Chemiker sich nur des reinsten Stoffes bedienen darf, um unantastbar gesichertes Ergebnis zu gewinnen, und tatsächlich auch nur in diesem Sinne und mit dieser Vorsicht vorgeht, weil ihm bewußt ist, daß er zu falschen und trügerischen Beobachtungen und zu Fehlschlüssen gelangt, wenn er anders handelt, so muß der Richter sich bewußt sein, daß das Zeugeninstrument, das Wichtigste, ja gar oft das Einzige, das ihm zu Gebote steht, tadellos, korrekt und soweit im menschlichen Leben dies möglich ist — denn eine Grenze ist hier wie dort dem Forscher durch die Beschränkung menschlichen

Könnens doch gegeben — fehlerfrei sei. Wie aber, um bei dem Gleichnis zu bleiben, das beste Instrument in der Hand des nicht voll Sachverständigen und nicht Geübten versagen wird, und wie der Güte des Instrumentes Sachverständigkeit und Kenntnis das Gleichmaß bieten muß, um richtige Beobachtungen und aus ihnen wahre Schlüsse zu ermöglichen, so muß der Richter mit voller durchdringender Sachkenntnis dem Zeugeninstrument gegenüberstehen, weil sonst auch ihm die Wahrheit entgeht, das Urteil verfehlt wird. — Die Wichtigkeit und Richtigkeit dieser Tatsachen sind ohne weiteres einleuchtend. Der Naturforscher hat es leichter, als der Richter; ihn beschränkt kein menschliches Gesetz; bis in das Letzte hinein vordringend, ohne Voraussetzung und ohne Rücksicht vermag er den Dingen nachzugehen, um die Wahrheit zu finden; nicht so der Richter, dem des Gesetzes feste Satzung und menschlich geschaffene Institution allerorten die Schranke auferlegen; und weiter, sei auch des Forschers Instrument noch so schwierig, noch so kompliziert in Aufbau und Einrichtung, was will das besagen gegen des Richters Instrument, den Zeugen, der ihm als des Menschen Organismus, der körperlich und psychisch höchstverwickelte und vielleicht nimmermehr völlig durchdringliche und zu durchschauende vielfach absichtlich fälschende, als das wichtigste Hilfsmittel zur Findung der Wahrheit an die Hand gegeben ist. — So ist der Richter von Hause aus in schwieriger Lage; deshalb muß er bemüht sein, wohl oder übel, vorerst den Menschen überhaupt kennen zu lernen, in die Seele seines Werkzeuges zu dringen, die Grundzüge und die Anlagen des so unendlich kompliziert organisierten Wesens sich zu erschließen. — Psychologisches Wissen und psychologische Erfahrung können dem Richter nicht erspart werden, wenn ihm der Rechtsspruch wenigstens in den verwickelteren Rechtsfragen und -streiten der Menschen gelingen soll, wenn ihm die eigene Seele auch, als Menschen, rein, frei und offen für die Wahrheit bleiben, wenn ihm selbst der Rechtsspruch Seelenruhe und innere Befriedigung gewähren soll. Die Psychologie nicht als Wissenschaft, sondern zunächst lediglich als Empirie, daß der Richter des Zeugen Seelenwesen an den eigenen Seelenempfindungen selbst zu messen, aus seiner eigenen Erfahrung heraus zu schätzen, zu beurteilen vermöge, das ist es, was wir vom Richter verlangen müssen und können. — Es wird dies leichter für den Richter, als selbst Entwickeltem, Erwachsenen, im Leben Stehenden, das Leben Kennenden oder wenigstens Kennensollenden, mit Erwachsenen; Richter und erwachsener Zeuge bewegen sich gleichsam parallel und auf gleicher Ebene; nicht so, wenn das Kind als Zeuge in den Kreis tritt; hat doch das Kind eine noch nicht voll entwickelte Seelenfähigkeit, ein nicht allein quantitativ, sondern auch qualitativ vom Erwachsenen abweichendes Seelenleben. — Hier wird also die Aufgabe doppelt und zehnfach schwieriger, als sie sonst schon ist. —

Die Annahme der Zeugenaussage ist, wie Ihnen, M. H., die Sie in der Geschichte Ihres Faches doch bewandert sind, bekannt ist, auch von jeher nicht eine so naive, so gleichsam gläubige gewesen — ich will hierbei völlig absehen von dem Durchschauen und Entfalten der eigentlich bewußt falschen Aussage, der Lüge, des Meineides —, wie man nach den jüngsten Arbeiten und Bestrebungen auf dem Gebiete fast glauben machen möchte; schon zu den ältesten Zeiten haben Richter psychologische Durchdringung an die Zeugenaussage gelegt, mit dem Maße des eigenen Urteils die Glaubwürdigkeit des Zeugen gemessen und seiner Aussage Wertung gegeben; bei alledem war man sich doch aber der ganzen Kompliziertheit der einschlägigen Verhältnisse nicht so direkt bewußt gewesen wie in der Neuzeit und jüngsten Periode, wo die experimentelle Forschung an das Gebiet der Zeugenaussage sich herangemacht hat; und wenngleich ich persönlich, nachdem ich mich mit den Experimental-Publikationen auf dem Gebiete einigermaßen bekannt gemacht habe, die daraus gezogenen, für die Praxis verwertbaren Schlußfolgerungen nur für äußerst vorsichtig verwertbar erachte, so muß doch das eine Gute aus dieser experimentellen Erforschung des Gebiets genommen und anerkannt werden, daß den Richtern, die naive und unbedenkliche Annahme der Zeugenaussage, selbst der eidlich erhärteten, erschwert worden ist, daß eine schärfere Kritik der Aussage wachgerufen worden ist. Freilich führt, wie eigenes Erlebnis mich belehrt hat, in Vorgängen, die mir aufs Genaueste bekannt sind, diese Kritik leider doch nicht immer zu einem zutreffenden Urteil über die Zeugenaussage —, werden bewußt oder unbewußt falschaussagende Zeugen für echt und wahrhaft genommen. Leider habe ich den Richter menschlich irrend weit von der richtigen Beurteilung der Wirklichkeit abkommen sehen. — Aber auch an der Hand der jüngsen Forschungsergebnisse, so vorsichtig wir immerhin dieselben selbst abmessen wollen, hat sich herausgestellt, um wie viel leichter es doch dem Erwachsenen ist, Erwachsenenaussagen zu erforschen, zu ermitteln und zu beurteilen, als solche von Kinder. — So ist denn die Beschäftigung mit der Seelenbeschaffenheit und Seelentätigkeit des Kindes — im Interesse der Beurteilung der Aussage eine besonders bedeutsame und wichtige Aufgabe.

Lassen Sie mich, ohne allzusehr auf das Allgemeine abzuschweifen, und indem ich mich vielmehr lediglich auf das für unseren heutigen Zweck Notwendige beschränke, den Versuch machen, die Verhältnisse soweit mir möglich klarzulegen.

Die Seelentätigkeit ist, man denke a priori von der Seele wie man auch immer wolle, gebunden an ein physisches, anatomisch eigenartig geformtes Substrat und an dessen physiologische Wirksamkeit — an das Zentralnervensystem, Gehirn und Rückenmark und die ganze große, den Körper durchdringende Verzweigung desselben, die peripheren Nerven. Unter diesen letzteren bilden die eigentlichen Sinnesnerven, die Nerven der Sinnesorgane, des Sehens, Hörens, Riechens, Schmeckens und Fühlens eine besondere Gruppe, welcher die zu den Muskeln führenden und dieselben zur Aktion spornenden, motorischen, gleichsam exekutiven, als eine zweite Hauptgruppe gegenüberstehen. Denken wir uns einmal die Nerven mechanisch als Röhren ausgebildet — freilich lediglich eine nicht etwa in der Wirklichkeit zutreffende Vorstellung — in denen der psychische Strom, als Flüssigkeit vorgestellt, fließt, so würde man diesen in den Sinnesnerven als nach einwärts — zentripetal —, in den Bewegungsnerven als nach auswärts — zentrifugal — fließend sich mechanisch vorstellen können. — Und weil dies nun so ist, daß alles als Psyche und psychisches in die Erscheinung Tretende bei Tier und Mensch an diesen mächtigen Organkomplex gebunden ist, kann es uns nicht erspart bleiben, uns für das weitere Verständnis einige Minuten mit demselben zu beschäftigen. Nur das Notwendigste und für den Gegenstand unserer heutigen Unterhaltung unentbehrlichste soll von mir angeführt werden; auch will ich versuchen, durch Präparate und Zeichnungen möglichst alles zu erläutern und dem Verständnis näher zu bringen.

Zunächst das Gehirn. Es stellt ein großes, festweiches Organ vor, welches die gesamte Schädelkapsel erfüllt. Man unterscheidet an demselben unschwer drei große Regionen, das eigentliche Großhirn, das nach dem Rückenmark zu sich erstreckende Mittelhirn und das an letzterem gleichsam angesetzte Kleinhirn. An den Ihnen hier vorgelegten Präparaten, die getrocknete Gehirne von kleinen Kindern sind, sehen Sie, daß die gesamte Hirnoberfläche von tiefen Furchen durchzogen ist, und daß diese Furchen das abgrenzen, was man Windungen des Gehirns benennt. An den Präparaten sind durch verschiedene Färbungen diese Windungen gleichsam in abgegrenzte Bezirke eingeteilt und so erkennen Sie nach vorne die große Masse der Stirnwindungen, von dem Scheitel nach abwärts streichend und durch eine große Furche getrennt die sogenannten Zentralwindungen, nach hinten die Windungen des Hinterhauptlappens, mehr nach der Basis zu die des Schläfenlappens (s. Fig. 1). Es darf Sie nicht in Erstaunen setzen, wenn ich Ihnen mitteile, daß man innerhalb dieser Bezirke einzelnen Abschnitten ganz bestimmte psychische Funktionen zuzuteilen imstande gewesen ist, daß man vor allem sensorische und motorische Bezirke abzugrenzen imstande war; so ist in den Zentralwindungen vor und hinter der großen Zentralfurche Sitz der motorischen Leistungen in hervorragendem Maße gefunden worden, während Hinterhauptslappenbezirke, ebenso Bezirke des Schläfenlappens als Sitze sensorischer Leistungen (Sehen, Hören) ermittelt worden sind. Nach dieser Richtung hin sind die Ihnen vorliegenden Präparate und Zeichnungen sehr wohl belehrend und aufklärend (s. Fig. 2). — Wir kommen noch weiter auf den Gegenstand zurück.

Das Gehirn setzt sich nun aus zwei Hauptmassen zusammen, die sich schon für das bloße Auge beim Erwachsenen scharf voneinander trennen, aus der grauen Hirnrinde und der weißen Innenmasse. Die gesamte Hirnmasse läßt nun, wenn sie der mikroskopischen Untersuchung unterworfen wird, erkennen, daß sie sich im wesentlichen aus Nervenfasern und aus Zellgebilden zusammensetzt; insbesondere in den grauen Rindenbezirken findet man höchst eigenartige Zellgebilde in ganz besonderer Gestaltung und auch Lagerung. Man nennt

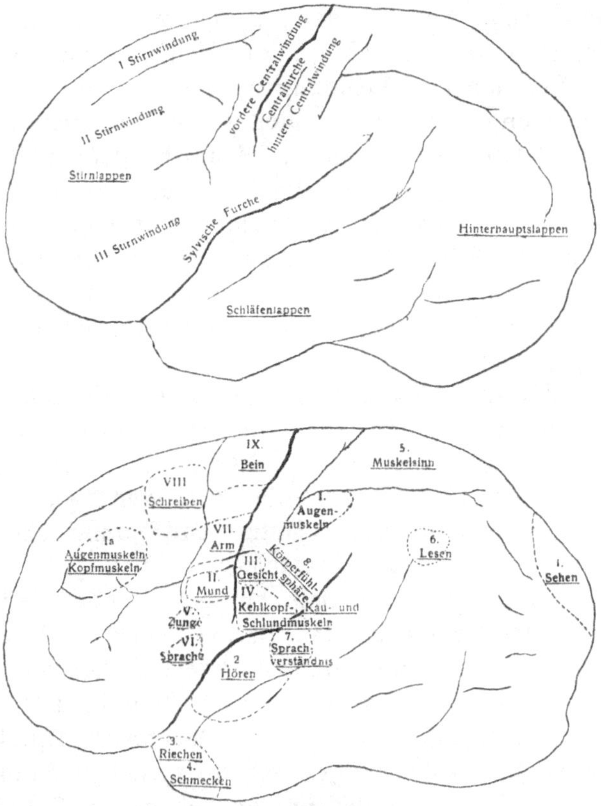

Fig. 1 u. 2.

Schematische Zeichnung der Hirnoberfläche. Windungen und Furchen. Sinneszentren (arab. Ziffern), Bewegungszentren (röm. Ziffern) nach Hermann. (Grundlagen usw.) bei Hermann Beyer & Söhne (Beyer & Mann) in Langensalza.

diese Zellen G a n g l i e n z e l l e n, und man erkennt, daß aus ihnen heraus Nervenfasern gleichsam als Fortsätze der Zellen hervorgehen, die sich aus einem Körnchen, — und feinen Fibrilleninhalt der Ganglienzelle und deren Kernmasse zusammensetzend bilden. Tatsächlich ist die stärkste der so gebildeten Nervenfasern fast in dem gleichen Verhältnis ein Stück des Systems, wie es der aus der elektrischen Batterie hervorgehende Leitungsdraht an einem elektrischen System der Fall ist; nur sind hier an der lebenden Ganglienbatterie außer dem Hauptleitungsdraht auch noch viele Nebenleitungen, die ebenfalls vom Zellenleibe ausgehen, vorhanden. Vergleicht man nun das Gehirn eines Neugeborenen mit dem Gehirn eines älteren Kindes oder Erwachsenen, so erkennt man auf den ersten Blick, daß im ganzen das Gehirn des Neugeborenen noch unfertig ist. Furchen und Windungen, welche das Gehirn des Erwachsenen und doch wohl auch schon des älteren Kindes (über 1—2 Jahr) auszeichnen, sind noch nicht völlig ausgebildet; vor allem aber ist die Scheidung zwischen grauer und weißer Hirnsubstanz noch nicht völlig vollzogen. Läßt ersteres auf eine Rückständigkeit nach der quantitativen Seite hin schließen, weil augenscheinlich die in Furchen und Falten und Windungen sich kundgebende sorglichste Ausnützung des Raumes noch nicht vollendet ist, so gibt uns das Mikroskop auch nach der qualitativen Seite hin Unterschiede kund, die höchst bemerkenswert sind und die sich um so deutlicher markieren, je eingehender wir die Nervenfasergebilde des Gehirns und weiter selbst der peripheren Nerven zwischen Kind und Erwachsenen studieren. Unter Anwendung chemischer Reagentien zeigt sich bei Erwachsenen, daß jede einzelne Nervenfaser von einer ziemlich breiten weißen, fettreichen Markschichtmasse eingehüllt ist, dazu geeignet, jede einzelne Faser für sich zu isolieren, ähnlich, wie wir dies an den mit Guttaperchamasse überzogenen elektrischen Leitungsdrähten wahrnehmen (s. Fig. 3 b). Diese Markschichtmasse fehlt in zahlreichen Nervenfasern des neugeborenen und jungen Kindes und kommt erst im Fortschritt des jungen Lebens zur Entwicklung (s. Fig. 3 a). Es sind viele Nervenfasern gleichsam noch nicht gegeneinander isoliert und für die Leitung gesondert. So ist quantitativ und qualitativ das kindliche Gehirn noch unfertig bei der Geburt, und so bedeutend ist diese Unfertigkeit, daß Flechsig die fortschreitende Entwicklung und Fertigbildung der Marksubstanz der Nerven nach Altersstufen zu fixieren vermochte. Es zeigen Ihnen die beiden nebeneinanderstehenden, nach Flechsig wiedergegebenen Figuren die Unterschiede in der Markentwicklung zwischen dem Gehirn eines Neugeborenen und eines etwa ein Jahr alten Kindes, wobei, was hier schwarz erscheint, die bereits mit Marksubstanz umhüllten Nervenfasermassen markiert. — Gewiß geht die Hirnentwicklung

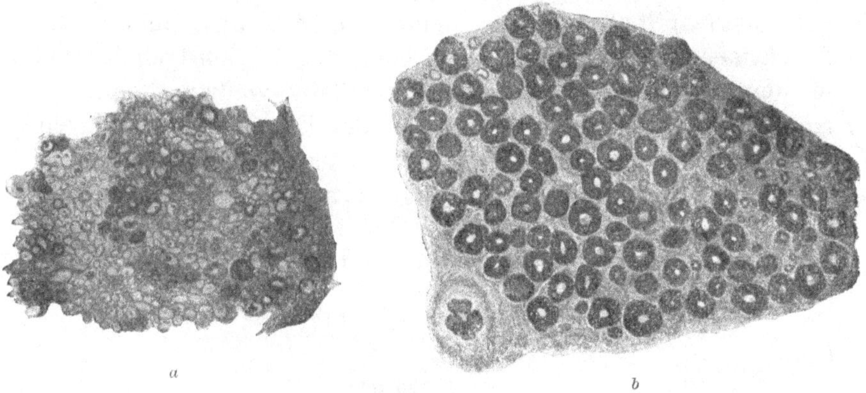

Fig. 3.
a) Querschnitt der Nervenfaser eines neugeborenen Kindes. b) Querschnitt der Nervenfaser eines Mannes. Nach Westphal (Archiv f. Psychiatrie. Bd. 26.

rasch vorwärts, wie denn auch die psychische Entwicklung bekanntlich in raschem Schritt mit ihr zum Ausdruck und in die Erscheinung gelangt. — Bei alledem ist aber doch, selbst

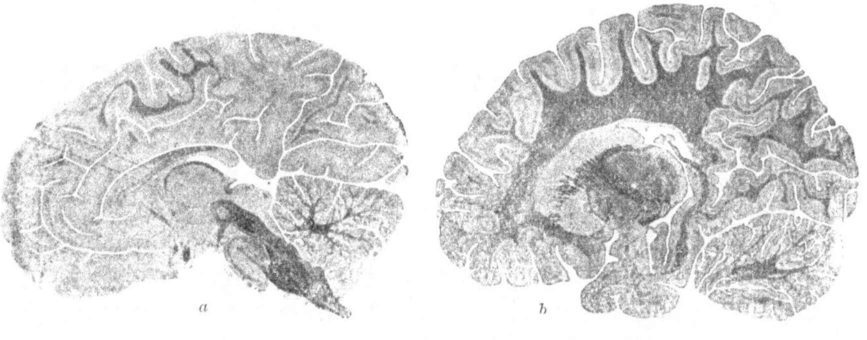

Fig. 4.
a) Sagittalschnitt durch das Gehirn eines einmonatigen Kindes. b) Sagittalschnitt durch das Gehirn eines Kindes gegen Ende des ersten Lebensjahres, nach Flechsig: Gehirn und Seele. Leipzig 1896.

im vorgeschrittenen Kindesalter, diese ganze Entwicklung auch nach der quantitativen Seite der eigentlichen Nervenfaserentwicklung hin, noch nicht abgeschlossen; vielmehr erkennen Sie, wenn Sie die Faserentwicklung in gewissen Hauptteilen des Großhirns (in der Gegend der sog. Zentralwindungen) zwischen Kind und Erwachsenen verfolgen, wie dies in den nebeneinander wiedergegebenen, vom mikroskopischen Präparat gewonnenen Photogrammen hervortritt, daß das Gehirn des Erwachsenen (30 jährigen) sich dem des $1\frac{1}{4}$ jährigen Kindes in der Faserentwicklung auch quantitativ weitaus überlegen zeigt. — Tatsächlich ergibt sich aus den Detailsuntersuchungen der verschiedenen Forscher auf diesem Gebiete (Flechsig, Monakow, Siemerling, Kaes, Edinger u. a.), daß die Gehirnfasern

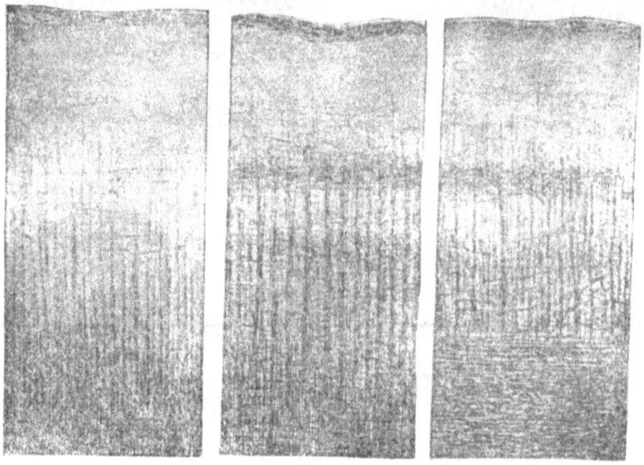

a b c

Fig. 5.

Drei Hirnschnitte durch die Zentralwindung nach Kaes in verschiedenen Altersstufen a) $1\frac{1}{4}$ Jahre altes Kind, b) 30jähriger Mann, c) 53jähriger Mann aus Edinger. Nervöse Zentralorgane, 1900 (s. auch M. Probst, Gehirn und Seele der Kinder, 1904, bei Reuter und Reichard).

sich entsprechend der in Anspruch genommenen Funktion, also gemäß der seelischen Entwicklung sich mehr und mehr und auch in bestimmter Reihe entwickeln. Man hat Assoziationsbahnen und Projektionsbahnen nach der Funktion getrennt, je nach Anordnung und Lagerung sie als transversale, querziehende, oder tangentialziehende (der Hirnoberfläche parallele) beschrieben und hat nun nachweisen können, daß sie sich zu ganz verschiedenen Zeiten, je nach der verschiedenen Inanspruchnahme für die Funktion, entwickeln. Flechsig hat direkt verschiedene Systeme nach dieser Zeitfolge der Entwicklung geschieden, Primärsysteme von Sekundär-, Tertiär- und Quartärsystemen, wobei begreiflicherweise zu dem einzelnen System jeweilig Projektions- und Assoziationsbahnen zusammengehören.

So sieht man mit fortschreitendem Wachstum und Alter des Kindes eine stetig fortschreitende Entwicklung der physischen Grundlagen, des Instrumentes seiner seelischen Leistungen, und die noch weiter geführten Untersuchungen ergeben, daß gerade die als Tangentialfasern bezeichneten Bahnen, d. s. der Oberfläche des Gehirns ebenfalls parallel laufende Bahnen, dazu bestimmt den Vorstellungsverknüpfungen zu dienen, selbst noch in weit vorgeschrittenen Altersstufen zur Bildung und Entwicklung kommen; Kaes hat nachzuweisen vermocht, daß die Hirnrinde noch weithin, bis in das vierzigste Lebensjahr und länger an Fasernreichtum zunimmt. Edinger glaubt, daß es sich hier um neue Assoziationsbahnen handle, die erst spät in Gebrauch genommen werden, und sich spät mit Mark umkleiden (s. Probst l. o. 92) und gibt bei der Deutung dieses Fundes an, daß man sich wohl vorstellen könne, daß der Mensch sich durch Hirnarbeit neue Bahnen in dem Sinne schafft, daß der vermehrten Leistungsfähigkeit, welche die Übung des Gehirns schafft, als anatomisches Substrat die Neubildung oder Verstärkung vorhandener Bahnen entspricht. Es sind dies Bahnen, welche gleichsam ausgefahren oder ausgeschliffen durch Übung und Wiederholung den Vorstellungen zur glattesten, ungestörtesten Fortleitung und Verbindung zur Verfügung stehen. — Also Fortentwicklung der Bahnen mit den Altersstufen und mit der geistigen Fortbildung.

Wenden wir uns nun der der Entwicklung der einzelnen Zentralherde zu, so werden wir a priori verstehen können, daß dieselben je nach der von ihnen zu vollziehenden Funktion verschiedenartig und nach Lagerung und Gestaltung im Gehirn abgegrenzt und umschrieben, für die Funktion prädestiniert sein müssen; wäre dies nicht der Fall, so wäre für die einzelnen Lebewesen eine Regelmäßigkeit und Regelung der Funktion überhaupt undenkbar. So hat man denn (Flechsig) auch vermocht, verschiedene Kategorien psychischer Organe am Gehirn zu fixieren. 1. Die Felder der Sinnesempfindungen — die Sinneszentren, welche mit Ganglien versehen sind, die die markhaltigen Fasern, welche aus den Sinnesorganen (Auge, Ohr, Geruch, Tast usw.) kommen, aufnehmen, die man auch, eben weil Eindrücke in sie hinein projiziert werden, als sensorische Projektionsfelder bezeichnet. 2. Die Zentren der Assoziationen, die ebensowohl die von Außen kommenden Eindrücke, wie die im Körper der Individuen selbst entstehenden Empfindungen verarbeiten, jene die hinteren, diese die vorderen Assoziationszentren, jene die Substrate der objektiven Synthese, diese die der subjektiven Analyse.[1]) Beide vereinte Gruppen sind aber tätig als die Grundlagen des Bewußtseins und Wollens. Diese Assoziationszentren sind es, die beim Menschen stark entwickelt, fast $^2/_3$ des ganzen Gehirnvolumens einnehmen. 3. Die Rindenfelder, aus denen Reize aus dem Gehirn in die aktiven Organe, in die Muskeln hineinprojiziert werden (Motorische Rindenfelder). Wollen Sie m. H. auf die Ihnen hier vorgelegte, in kleiner Abbildung Ihnen wiederholte Tafel achten, so werden Sie neben den sensorischen Feldern die motorischen nach Lage und etwa nach Größe finden (s. Fig. 2)[2]).

Mehr wie H. will ich Sie mit den anatomischen Dingen nicht quälen; nur zu der Art der Tätigkeit des Zentralnervensystems, wie solche sich dem Naturforscher zum Teil aus dem Tierexperiment, zum Teil aus den direkten Beobachtungen gesunder und kranker Menschen darstellt, will ich mich noch weiter äußern, weil sie uns das Verständnis für den psychologischen Teil eröffnet. — Die Auslösung einer unwillkürlichen motorischen Leistung (Bewegung) auf einen sensiblen Reiz, nennt man einen Reflex. — Die Reflexe erfolgen ohne das Bewußtsein zu berühren, durch die Leistung des Rückenmarks Das Gehirn hat damit nichts zu tun; wenn wir auf Berührung der Fußsohle, den Schenkel zucken sehen, so ist dies lediglich der Ausdruck einer im Rückenmark vor sich gegangenen Reizübertragung von einer sensiblen Nervenfaser auf eine motorische. — Freilich sind nicht alle Reflexvorgänge lediglich Rückenmarksarbeit, vielmehr gibt es auch zu Reflexen gewordene Leistungen des Gehirns — dies sind aber durch die Übung gleichsam automatisch gewordene Übertragungen; es sind keine reinen, wirklichen Reflexvorgänge; wir wissen, daß es sich

---

[1]) Sikorsky S. 9.

[2]) Nach Hermann, Grundlagen für das Verständnis usw. Langensalza, Hermann Beyer & Söhne, S. 6 Taf. 3 und J. A. Sikorsky, Die seelische Entwicklung des Kindes, bei J. A. Barth. 1908.

hierbei doch um Leistungen des Gehirns handelt, weil wir die Rindenfelder dieser Leistungen im Gehirn fixieren können. Wenn wir ohne Bedacht schreiben, wenn wir mit genommenen Ansatz mechanisch sicher über einen Graben springen, so sind diese mechanisch vollzogenen Leistungen anscheinend reflektorisch, — indessen nur gleichsam, nicht eigentlich — wir wissen, wie lange Übung dazu gehört zu der mechanischen Leistung zu gelangen, wieviel das Kind an Übung, mit voller Zuhilfenahme des Gehirns darauf verwendet hat, um zu der mechanischen Fertigkeit zu gelangen. — Daß dem so sei, erkennen wir auch sofort bei Kranken, denen durch etwaige Leiden des Gehirns einzelne Rindenfelder geschädigt sind; hier ist es mit der Mechanik, mit dem Automatismus zu Ende in dem Augenblicke, wo eines der in Anspruch zu nehmenden Rindenfelder gelitten hat — ein Beweis dafür, daß es bei dem anscheinenden Automatismus dauernd in Tätigkeit war, zumeist im Connex mit anderen, ebenso in Aktion tretenden Rindenfeldern. — Man muß also den „Rückenmarksreflexbogen" von dem „zentralen, psychischen oder Gehirnreflexbogen" unterscheiden. — Und wenn ich Sie nun bitte, diese zweite Tafel, die ich dem Buche von Hermann[1]) entlehne, zur Hand zu nehmen (s. Fig. 6), so werden Sie, m. H., an dem Schematismus die weiteren Vorgänge nach der gewonnenen

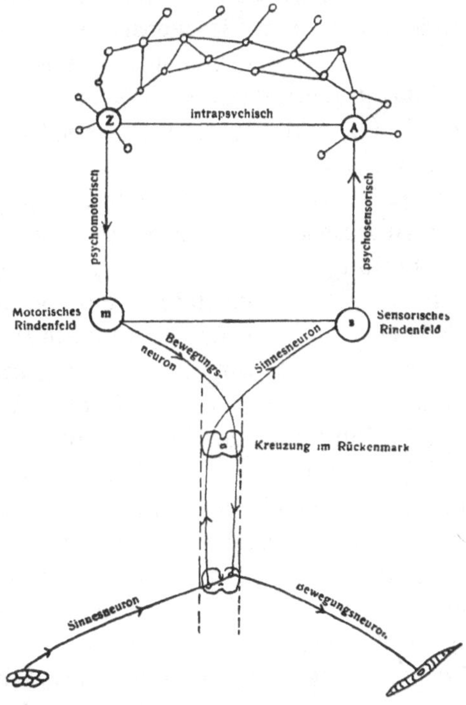

Fig. 6.
Schema des peripheren und psychischen Reflexbogens nach Hermann.

[1]) Hermann: Grundlagen für das Verständnis krankhafter Seelenzustände. Langensalza 1910. Tafel 4.

Kenntnis der Gehirnanlagen sehr wohl verstehen können. — Sie erkennen (zu unterst in der Zeichnung) in der direkten Überleitung der Erregung vom sensiblen Felde durch das Rückenmark auf die motorische Leitungsbahn und auf den Muskel ohne weiteres den direkten Reflexvorgang mit völliger Ausschaltung bzw. Umgehung des Gehirns. Sie erkennen aber weiterhin die Fortpflanzungsmöglichkeit und Fortpflanzung des Reizes von der sensiblen Seite aufwärts bis zu dem bereits im Gehirn gelagerten sensorischen Rindenfelde, und Sie werden sich leicht klar machen können, daß nun auch von hier noch die Möglichkeiten der Weitergabe und Weiterverarbeitung verschieden sind, einmal die direkte Fortleitung auf ein motorisches Rindenfeld und von hier aus zum Muskel — oder die Weitersendung des sensiblen Reizes vermittelst der psychosensorischen (Assoziationsbahn) zu A, zum Bewußtsein. In dem Beispiele, das Hermann selbst in Anknüpfung an diese seine Tafel benutzt, spricht er davon, „daß in dem Sinnesfeld s ein Sinneseindruck aufgenommen wird, etwa die Gesichtsempfindung eines Baumes, passiv aufgenommen, wie von einer photographischen Platte, als Empfindung, ohne Verständnis. Bis zur Vorstellung ‚Baum' ist aber eine Verknüpfung der Empfindung mit zahlreichen Erinnerungsbildern und Einzelvorstellungen notwendig und diese erfolgt durch die psychoflexorische Bahn = s. A. Es ist die Fortsetzung der Sinnesbahn, die mitten in das Bewußtsein hineinführt; daher p s y c h o s e n s o r i s c h. Dieselben Verhältnisse gelten entsprechend für die motorische Seite, nur ist hier die Bewegungswelle umgekehrt, zentrifugal, sie verläuft, nach der Peripherie des Körpers hin. Darum heißt die Strecke der Bewegungszielvorstellung f bis zu dem Bewegungsfeld m die psychomotorische Bahn fm. — Die Bahn zwischen A und Z liegt daher gänzlich innerhalb des Bewußtseins; intrapsychische Bahn."

So Hermann. Das Schema ist freilich nur mager, und gerade eben veranschaulichend. So einfach, wie es hier aussieht, sind allerdings die Vorgänge wohl nicht; indes soll an denselben ja nur durch eine mechanische Vorstellung die Erklärung des Denkvorganges erleichtert werden; so mag es uns hier genügen. — Wir sind, m. H., ohne es zu merken, von der anatomischen Betrachtung aus mitten in das Psychologische hineingelangt und tatsächlich lassen sich psychologische Vorgänge, wenigstens gewisse Grundzüge, an der Hand mechanischer oder wenn Sie so wollen, anatomischer Vorstellungen, die auf nachweislichen anatomischen Tatsachen beruhen, wohl gut deuten und erklären; freilich nicht alle; eine grob mechanische, oder materialistische Auffassung der Seelenfunktionen, wie dies auch schon versucht ist, ist nicht möglich, und wo sie versucht wird, führt sie von den Tatsachen fort in das Reich der Phantasien und verliert den eigenen Boden. Wir müssen schon, sollen die Dinge, die uns bei dem von uns angeregten Thema „der Aussagen des Kindes" zur Klarheit und zum Verständnis gelangen, in die eigentliche Psychologie noch ein wenig hinein; freilich, um nicht zu weit abzuschweifen, nur ebenfalls in dem ad hoc auf das Notwendigste beschränktem Maße. — Sie alle, m. H. philosophisch geschulte Männer, wissen, wie schwer, wenn wir selbst auf die Alten zurückgreifen, ja um so schwieriger vielleicht, je mehr wir auf die Geschichte der Psychologie zurückgreifen, eine Einteilung der Seelen-Vorgänge, überhaupt nach Kategorien ist und wieweit die Anschauungen der einzelnen Autoren hier auseinandergehen. — Bei alledem kann man aber doch als Grundlagen der Meisten derselben die Einteilung, die Kant vertritt, die Dreiteilung des Seelenlebens: als Erkennen, Fühlen und Wollen — anerkennen; eine Einteilung, die neuerdings Groos[1]) in seiner Abhandlung vom Seelenleben des Kindes nach eigenartiger Überlegung auf zwei Grundfunktionen reduziert, auf die Vorstellungsseite und Wertungsseite des Seelenlebens; wobei in dem Wertungsbegriff auch die Zuneigungs- und Abneigungsvorgänge zur Geltung kommen, die als ursprüngliche, nicht weiter definierbare, gegeben angenommen werden. Die Wertung stellt sich Groos hierbei in dreifacher Polarität vor:

1. als emotionale — Lust und Unlust,
2. als voluntarische — Wollen und Nichtwollen — Streben und Nichtstreben — Wünschen und Nichtwünschen,
3. als logische — Bejahen und Verneinen — Anerkennen und Verwerfen.

[1]) A. Groos: Das Seelenleben des Kindes. J. Reuther & Reichardt.

Auch die Vorstellungsseite läßt sich nach ihm, indem wir an die uns gewohnte Trennung in der Betrachtung zwischen Material und Form anlehnen, als Vorstellungsmaterial und Synthesen teilen, wobei dann das Vorstellungsmaterial würde als sensorisch (gewonnenes) und als reproduktives, die Synthesen als Verknüpfungen (Assoziationen) und als Verwachsungen (s. Groos S. 35) (Apperzeption) zerlegt werden können. Groos gelangt so zu einer, meinem eigenen Denken sehr wohl annehmbaren Einteilung, die er übersichtlich folgendermaßen darstellt:

Bewußtsein
- Vorstellungsseite
  - Material
    - sensorische Daten
    - Reproduktions-Daten
  - Synthesen
    - Verknüpfungen
    - Verwachsungen
- Wertungsseite
  - emotionale
  - voluntarische
  - logische Wertung

Nur soviel m. H. aus der allgemeinen Psychologie.

Nun aber m. H. nach diesen langen aber doch recht notwendigen Ausführungen straff zu unserer Aufgabe! — Wenn wir uns an der Hand der Groosschen Einteilung der psychischen Vorgänge an die Analyse der Seelenvorgänge zu begeben versuchen, die bei der Aussage in Aktion treten, so wird uns nicht entgehen können, daß keiner derselben dabei fehlt, daß ebenso die Funktionen der Vorstellungsseite, wie die der Wertungsseite in Betracht kommen, so zwar, daß auf der Vorstellungsseite die vorbereitenden Akte sich vollziehen, welche die Grundlage für diejenigen Vorgänge sind, die im Aussageakt reproduziert, in die Tat gesetzt werden. — Für die Aussage kommen der Reihe nach folgende Vorgänge der Seelentätigkeit in Betracht:

1. Die Wahrnehmung (sensorielle Leistung), als Aktion der Sinnesorgane, u. z. aller, sowohl nebeneinander als auch nacheinander.
2. Die Auffassung — allgemein ausgedrückt — die Festmachung der sensoriellen Empfindungen und Eindrücke und Verknüpfung derselben mit bereits vorhandenen Vorstellungen und Begriffen.
3. Das Festhalten und Aufbewahren des durch Wahrnehmung und Auffassung zum Bewußtsein Gebrachten;

das Gedächtnis; mit der Unterabteilung der „Erinnerung“ als Wiederbelebung und Erneuerung des Gedächtnisses.

4. Die Wiedergabe, die Reproduktion der durch 1—3 fixierten Vorstellungen, so, daß durch dieselbe Anderen die gleichen Vorstellungen erweckt werden. —

Nach diesen vier Kategorien der Sondertätigkeiten hin werden wir Befähigung und Leistung der Kinder zu prüfen haben, um über Wertigkeit der Kinderaussagen zur Entscheidung zu kommen. Wir werden die Leistungsfähigkeit an sich zu ermitteln haben unter normalen, wenngleich wechselnden Bedingungen, als das reine Ergebnis allgemeiner und allgemein gültiger Erfahrung und psychologischer Kenntnis der kindlichen Seelenvorgänge, unter Berücksichtigung des an die Altersstufe geknüpften Vermögens; ferner aber auch unter dem Einfluß der Individualität des Aussagenden. Wir werden alsdann die noch innerhalb des Normalen liegenden von selbstgegebenen, und die von der Außenwelt geschaffenen, an Alterstufenfähigkeit und Individualität anknüpfenden Fehlerquellen, für die Aussage zu eruieren haben, um so endlich zu den für die Praxis verwertbaren Ergebnissen zu kommen. — Wir wollen uns bemühen, uns bei dieser Untersuchung freizuhalten von dem, was Stern selbst als „Psychologismus“ bezeichnet, — die fehlerhafte Neigung, durch theoretische und klügelnde Zersplitterung dem im Leben Geschehenden und in Einfachheit sich Darstellenden verfehlte Umdeutungen zu geben.

Die Altersstufen des Kindes, welche für die Aussage überhaupt in Frage kommen, sind die etwa vom vierten oder fünften Lebensjahre an bis zum vierzehnten oder fünfzehnten Lebensjahre.

I. Die Wahrnehmung. Man weiß, daß das kindliche Gehirn in den Altersstufen vom dritten bis zum achten Lebensjahre eine Massenzunahme zeigt von 1150 g bis 1202 g; vom achten bis vierzehnten Lebensjahre 1202 bis 1279 g bei Knaben (nach Pfister); dem entsprechend bei Mädchen vom dritten bis achten Jahre 1025 bis 1164,4 g, vom achten bis vierzehnten Jahre 1164,4 bis 1265,1 g. So sieht man aus dem anatomischen Verhältnissen heraus, daß eine nur mäßige Zunahme des Gehirns im ganzen in der Gesamtepoche vom dritten bis vierzehnten Lebensjahre vor sich geht, daß dieselbe allerdings in der Zeit der jüngeren Stufe vom dritten bis achten Lebensjahre etwas geringer erscheint, als später 52:77, indeß ist dies vielleicht nur ein zufälliges Ergebnis; wie denn tatsächlich bei Mädchen das Verhältnis umgekehrt erscheint, 131:102; soviel allerdings scheint festzustehen, daß wenn die Massenzunahme auch im ganzen gering ist, dennoch noch eine solche mit dem Gesamtwachstum des Kindes stattfindet, daß sie aber bei Mädchen größer ist als bei Knaben; tatsächlich stößt man, wenn man des Weiteren die psychologischen Entwicklungen studiert, auch auf gewisse Unterschiede zwischen Knaben und Mädchen. — Die geringe Massenzunahme leitet schon darauf hin, daß die wichtigsten Leistungen der Wahrnehmungsfähigkeit bereits auf eine gewisse Höhe der Entwicklung gekommen sind und so steht es fest, daß Kinder in den genannten Altersstufen, soweit es sich um einfache Wahrnehmung, um Sehen, Hören, Fühlen, Riechen und Schmecken handelt, dem Erwachsenen nicht nachstehen. Bei der Lebhaftigkeit der motorischen Äußerungen des Kindes bereits in der Altersstufe vom dritten bis siebenten Lebenjahre, noch mehr vielleicht in der folgenden vom siebenten bis vierzehnten, hat man auch die rein perzeptive sensorielle Leistung (der Sinnesorgane) des Kindes sogar vielfach höher eingeschätzt, als die des Erwachsenen. — Darin mag sogar etwas Richtiges liegen. Nur nützen die fein entwickelten und gebildeten Sinnesorgane dem Kinde nicht viel. Darüber haben uns die interessanten Untersuchungen von Ziehen über die Assoziationen Aufschluß verschafft. Ziehens Studien über die Assoziation bei Kindern haben erwiesen, daß das Kind, mögen auch die Sinnesorgane die Reize zum sensorischen Felde durch das noch feiner als beim Ewachsenen reizbare, weil eben entwickelte und noch nicht geschädigte periphere Organ feiner und präziser leiten, als beim Erwachsenen, dennoch vermöge seiner Rückständigkeit in der Assoziation dem Erwachsenen nicht adäquat ist. Ziehens Prüfungen über die Assoziation der Kinder haben sich ebensowohl auf die wie sie nennt „springenden“ Assoziationen, wie auf die „Urteilsassoziationen“ erstreckt; er hat gefunden, einmal, daß Kinder überhaupt weit mehr als Erwachsene lediglich mit Individualassoziationen, d. h. mit auf Besonderes gerichteten Vorstellungen, nicht mit allgemeinen denken, und sich so, wie er sich ausdrückt, toto coelo die Ideenassoziation des Kindes von der des Erwachsenen verschieden ist, ferner, daß auch die disparaten Assoziationen beim Kinde von Urteilsassoziationen noch nicht so scharf geschieden sind, als beim Erwachsenen, ferner, daß beim Kinde die assoziationen Verwandtschaften in den Vorstellungen weitaus lockerer sind, als bei Erwachsenen. Bei Erwachsenen bestehen gleichsam festgeknüpfte Assoziationen der einzelnen Wahrnehmung aus Übung und Erfahrung her, während bei Kindern der Gefühlssinn eine größere Rolle spielt, Lust- und Unlustempfindungen so die Assoziation beherrschen. Was mir aber noch als die bedeutsamste Tatsache erscheint, ist die aus dem Experimente hervorgegangene Erfahrung, daß die Assoziationsgeschwindigkeit der Kinder rückständig ist, gegenüber den Erwachsenen, daß sie bei Erwachsenen sehr erheblich größer ist, als beim Kinde, daß sie bei letzteren von Jahr zu Jahr (vom achten bis vierzehnten Lebensjahre, in welchem diese Versuche gemacht sind) wächst, so daß man annehmen muß, daß die allgemeine Übung, welche das Gehirn in der Schule und im Leben durchmacht, die Assoziationsleitungen bahnt, d. h. leistungsfähiger macht —.

Handelt es sich bei diesen Versuchen auch nicht um die Wahrnehmung, so sind sie dennoch für dieselbe entscheidend; denn wenn man gleich aus diesen psychologischen Versuchen nicht direkte Schlüsse ziehen kann, so wird doch erlaubt sein, soviel daraus zu folgern, daß die so sehr gerühmte scharfe Beobachtungsgabe und Beobachtungsfähigkeit von Kindern für die „Aussage" nicht auf so festen Füßen steht, wie man anzunehmen geneigt ist. Es ist die Feststellung dieser Tatsache deshalb so wichtig, weil wir im Weiteren noch auf Dinge stoßen werden, welche selbst unter der Voraussetzung vortrefflichster Beobachtungsfähigkeit für die Aussage verhängnisvoll zu werden vermögen. Ist aber in einer verminderten Beobachtungsgabe der erste Ausgangspunkt, das Fundament der Aussage, schon unsicherer geworden, so ist dies für alles Weitere um so mehr von der größten Bedeutung.

Wir stoßen nun, wenn wir lediglich die Wahrnehmungsfähigkeit ins Auge fassen, hier abgesehen selbst von den Assoziationen, vielleicht aber doch auch unter Mitbeteiligung derselben auf eigenartige individuelle Verschiedenheiten, primäre Organisationsunterschiede will ich es nennen, der Kinder, die uns beim Gedächtnis noch eingehender werden zu beschäftigen haben, nämlich auf die unterschiedliche Anlage der Kinder. Es sind die einen mehr visuell, die anderen mehr akustisch, die dritten mehr taktil usw. für die Wahrnehmung veranlagt; bei einzelnen besonders Begabten wird zwar eine kombinierte Veranlagung bestehen können, bei anderen wird indeß wesentlich nur ein einzelnes der Sinnesorgane in bevorzugtester Weise für die Wahrnehmung herangezogen. So entstehen von Hause aus primäre Verschiedenheiten der Wahrnehmungsart, und so kann es kommen, daß bei Beobachtung von Geschehnissen, über die die Aussage zu erfolgen hat, von mehreren Kindern, die dieselben beobachtet haben, völlig verschiedene, je nach ihrer Veranlagung, in verschiedene Beleuchtung gerückte Eindrücke gewonnen werden. Je weniger gefestigt die Assoziationen sind, über die das Kind verfügt, desto mehr werden dann die primären Perzeptionsdifferenzen in den Vordergrund treten, wenn es sich um die Aussage handelt. — Man darf diese wichtige Tatsache nicht übersehen, und der Richter muß sich dessen bewußt sein, wenn ihm Divergenzen über die primäre Wahrnehmung bei Aussagen von Kindern, welche gleichzeitig das Geschehnis beobachtet haben, begegnen. Hier kommen also bezüglich der Aussagesicherheit noch individuelle Verschiedenheiten in Betracht. — Dies ist ja nun freilich auch bei Erwachsenen der Fall; es wird aber der Mangel durch Übung, Erfahrung bewußte Nutzung aller Sinnesorgane bei Erwachsenen vielfach ausgeglichen; beim Kinde nicht.

Wir haben uns weiterhin, wenn wir von der Wahrnehmung sprechen, darüber klar zu werden, daß dieselbe sehr wesentlich beeinflußt wird, von der augenblicklichen psychophysischen Verfassung des Wahrnehmenden und wir haben hier zu berücksichtigen die psychische Energie, die Aufmerksamkeit. In der Psychologie hat der Begriff „Aufmerksamkeit“ die mannigfachsten Deutungen und Erläuterungen erfahren, ohne daß es bis jetzt geglückt ist, denselben zutreffend in Worte zu fassen; und doch verstehen wir uns Alle sofort wenn wir von „Aufmerksamkeit“ „Aufmerksam sein“, sprechen. Ob wir nun mit Wundt und auch mit Jodl[1]) psychophysisch unter Aufmerksamkeit als Willenserscheinung verstehen, denjenigen Vorgang, durch welchen innerhalb des gegebenen Willens und Vorstellungscontinuums eine Konzentration des Bewußtseins auf bestimmte Inhalte und eine Bewegung desselben erfolgt, so daß sie in den Blickpunkt des Bewußtseins gerückt sind, mit der relativ größten Helligkeit vermöge der Enge des Bewußtseins andere Inhalte verdunkeln, und aus dem Bewußtsein drängen, — oder ob wir mit Stumpf Aufmerksamkeit = Interesse setzen und als Gefühl bezeichnen u. z. Lust am Bemerken selbst; eine wie mir scheinen will, und wie auch von Beetz[2]) sehr richtig beleuchtet ist, recht unzutreffende Erklärung, oder ob wir irgend eine der anderen in der Literatur schwankenden Definitionen dafür einsetzen — soviel steht fest, daß die Aufmerksamkeit einer der wesentlichsten Faktoren für die exakte Wahrnehmung ist, ja eine wesentliche Voraussetzung derselben ist. Ich würde selbst Aufmerksamkeit definieren, als das Aufspringen oder Anspornen — (unwillkürliche oder willkürliche) von sensorischen Assoziationen für die Festmachung von Wahrnehmungen. — Wenn unwillkürlich als Gefühl, wenn willkürlich als Wille. — Die Aufmerksamkeit ist ja in der Regel nicht Gefühl allein, auch nicht Wille allein, sondern wenn ursprünglich vielleich nur Eins für sich, so doch in der Fortsetzung die Verbindung von Gefühl mit Willen. — Ist das aber so, dann haben wir ernstlich zu prüfen, wie es um die Aufmerksamkeit bei Kindern steht. — Die Aufmerksamkeit ist schon bei Erwachsenen, und nun gar erst bei Kindern, beeinflußt von dem, was man als Konstellation bezeichnet, die von den augenblicklich den Beobachtern oder Wahrnehmenden beherrschenden Gefühlen, oder wie Hermann es bezeichnet, von der gegenseitigen Beeinflussung der verschiedenen Vorstellungsgruppen untereinander. Es mag sich hierbei um nur augenblicklich in den Vordergrund sich drängende

[1]) s. Beetz S. 714 Bd. II.

[2]) K. O. Beetz: Einführung in die moderne Psychologie bei A. H. Zickfeld 1908.

Vorstellungsgruppen handeln, oder um solche, welche durch Anlage, Gewohnheit, Übung, Beschäftigung von selbst im Vordergrund stehen. Spielen vielleicht letztere mehr beim Erwachsenen eine gewisse Rolle, so sind erstere so recht und echt Angelegenheit des Kindes. Wer kennt nicht und hat nicht zu rechnen mit Stimmung und Stimmungswechsel des Kindes, und wer wüßte nicht, wie verschieden das Kind sich stetig wechselnd in Haltung und Wesen darbietet. Wer wollte nicht mit diesen Seelenvorgängen rechnen? oder wie, wenn er damit rechnet, wüßte nicht, wie schwankend die Ergebnisse sind, zu denen man gelangt, wenn man die Stimmung eines Kindes im Augenblicke der Wahrnehmung eines Vorganges als Faktor mit in Betracht zu ziehen hat. — Es wird ein Kind, je nachdem es von augenblicklichen entweder Lust oder Unlustgefühlen beherrscht wird, dem ihm gegenüber tretenden Geschehenden völlig verschiedene Grade der Aufmerksamkeit entgegen bringen, und es wird so verschieden starke Eindrücke gewinnen. Es wird aber begreiflicherweise durch wechselnde Hemmung oder Steigerung gleichsam ein genau so verschiedenes Bild des Geschehenen zum Bewußtsein bringen, wie der Photograph im Stande ist durch Wechsel von Licht und Schatten einem Bilde eines und desselben Menschen völlig verschiedenen Ausdruck zu geben und so von der frappantesen Ähnlichkeit bis zur völligen Unähnlichkeit wechselnde Wiedergaben zu schaffen. — Und doch muß die Konstellation, weil sie eben für die Wahrnehmung bedeutsam ist, Gegenstand der Berücksichtigung seitens des etwa forschenden Richters werden. — Welche Mühe! wie viel Zweifel, und wie schwankender Erfolg! —

Die Wahrnehmung wird weiterhin beeinflußt vom Affekt, wobei wir nicht allein die gerade bei Kindern so starken und wichtigen Affekte Schreck, Angst, Wut im Auge haben, die begreiflicherweise die Wahrnehmung bis zum Übersehen, Überhören der wichtigsten Vorgänge stören können, oder Beeinflussungen bis zu den allerschlimmsten Sinnestäuschungen zu Wege bringen können — wir werden darauf noch bei den Wahrnehmungstäuschungen und Kinderlügen zurückzukommen haben — sondern schon die Erwartung ist ein wesentlicher Störer objektiver Sinneswahrnehmung. —

Gar leicht nimmt das in Erwartung stehende, erregte Kind, wahr, entweder was es zu sehen, zu hören erwartend gefaßt ist oder läßt uns dem Geschenden in gehemmter Aufmerksamkeit für das wirklich Vorhandene, wichtige Momente ausfallen. So kommt es in der Wahrnehmung zu den wesentlichsten und für die Aussage schwerwiegensten Verschiebungen. — Die Affektwirkung spielt beispielsweise bei kindlichen Wahrnehmungen in der Familie die größte Rolle, wenn zwischen Vater und Mutter vorkommende Ereignisse, Schlägereien, Zankausbrüche oder Wutangriffe eines trunken heimgekehrten Vaters auf die Mutter, das Kind in Schrecken und Furcht setzen. — Bei anderen, weniger die Psyche erschütternden Vorkommnissen kann auch die Parteinahme für die einzelnen der an den Ereignissen beteiligten Personen die Objektivität der Wahrnehmung stören und Verschiebungen der Eindrücke hervorrufen. — Auch hier sind Fehlerquellen der Wahrnehmung, welche für die Aussage verhängnisvoll sind. — Wollte ich m. H. all dies mit Beispielen belegen, ich könnte hundertfache selbst celebre aus der juristischen Praxis bekannt gewordene Ihnen hier anführen; indeß sie sind Ihnen ja weit besser bekannt als mir selbst; nur an Eins möchte ich Sie erinnern, daß die von lang her, durch die Zeitungen, Familiengerede, angebliche Belehrung in und durch die Schule, und Tausenderlei aus Klatsch und On dits gezogenen und gesogenen Vorstellungen beim Kinde weit mehr haften und die Wahrnehmung entgegen der echten Wirklichkeit mehr täuschend gestalten können, als beim Erwachsenen, weil dem Kinde die durch den Verstand und fest gemachte Begriffe gegebenen oder sich gestaltenden Hemmungen des Erwachsenen, die Kritik, noch abgeht. — Leider sind freilich gar zu oft auch Erwachsene hier den Kindern gleich, wie uns ja hinreichend aus berüchtigt gewordenen Prozessen von Alters her bis heut bekannt ist — und bekanntlich gibt es bei Erwachsenen wie bei Kindern solche, die keine Kritik haben, die Gruppe derer, „die nicht alle werden“. —

Weitere Momente der Beeinflussung der Wahrnehmung liegen endlich in der körperlichen Beschaffenheit des Kindes, sei es in der augenblicklichen, wenn man es so nennen will, körperlichen Konstellation — sei es in der dauernd krankhaften Anomalie —, der Konstitution. Geistige und körperliche Ermüdung, Hunger, Erschöpfung nach anstrengender Arbeit, Schlafmüdigkeit und Aufstörung aus dem Schlafe, gehören zu den ersteren der Gruppen, während beispielsweise Anomalien des Sehvermögens, Kurzsichtigkeit, oder die zuweilen auch nur geringfügige Hörstörung, welche durch adenoide Wucherungen, eine der allerhäufigsten Anomalien des Kindesalters zu Wege gebracht wird, gar schlimme Sinnestäuschungen in die Wahrnehmung einführen können.

Faßt man zusammen, so liegt vor uns die unzweifelhafte und nicht von der Hand zu weisende Möglichkeit der Beeinflussung der Wahrnehmung, also des Ausgangspunktes der Aussage — die freilich auch bei Erwachsenen nicht fehlt — nur, wie es sich ergibt, beim Kinde in weit größerem Maße als beim Erwachsenen zur Geltung kommt.

Wir dürfen aber die Wahrnehmung nicht verlassen, ohne noch einer zweiten Kategorie, der Verarbeitung der Wahrnehmung im Bewußtsein des Kindes gedacht zu haben. Wir stoßen hier auf einen allem Anscheine nach sehr schwierigen und deutungsvollen psychologischen Begriff auf den der Apperzeption. Die Psychologie hat für die Apperzeption gewisse fundamentale Gesetze festzulegen versucht, wie in der Lehre von den Assoziationen und für die Aufmerksamkeit. Groos bezeichnet die Apperzeption im Gegensatze von der Assoziation, die er Verknüpfungen nennt, als Verwachsung. So nahe auch die Assoziationen der Apperzeption stehen mögen, so scheint mir psychologisch doch auch die Trennung höchst notwendig und ersprießlich und tatsächlich handelt es sich insofern um eine andere psychologische Kategorie, als ich unter der Apperzeption die Fixierung des sinnlich wahrgenommenen an wirklich festgelegte, und voneinander nur schwierig trennbare Assoziationen verstehe. Die Anknüpfung neuer sensorischer Wahrnehmungen an die als Apperzeptionsbesitz bereits festgelegten, zum Teil aus primären sensorischen Daten, aus Reproduktionen und dem Wollen (Werthen, nach Groos) entstandenen Begriffen, d. i. was ich die Verarbeitung der Wahrnehmung, die Überführung und Festmachung im Bewußtsein unter einem bestimmten, wenn ich so sagen soll, Gesichtswinkel, als die Auffassung bezeichne. — Die Wahrnehmung wird, für die Aussage, im Bewußtsein gekennzeichnet durch die Apperzeption, durch die ihr beigegebene Auffassung. Indem wir uns so die Wahrnehmung zum schon vorhandenen appperzeptivfixierten mit fixieren, wird sie als unser festgewordenes Eigentum die Grundlage der Reproduktion, nicht etwa nur im Sinne des Gedächtnisses, wie wir sogleich, wenn wir vom Gedächtnis sprechen werden, erfahren werden, sondern als Belichtung des P im Gedächtnis vorhandenen, zur Reproduktion Bereitgehaltenen. Wie wir das Wahrgenommene aufgefaßt haben, d. h. wie wir es als von den Sinnen uns Dargebotenes und Überbrachtes, mit bereits Vorhandenem fest geordnet Fixiertem weiter fest verknüpft haben, so enthält es seinen dauernden Inhalt, so wird es gleichsam einverleibt in den schon vorhandenen Kreis unserer Erkenntnis und unseres Bewußtseins, aus dem heraus es dann in der gewonnenen Art zur Reproduktion zu gelangen vermag. Das was nun das Kind so wesentlich vom Erwachsenen unterscheidet, ist aber gerade die Tatsache, das apperzipiert fixiertes in weit geringerem Maße vorhanden ist als beim Erwachsenen, gerade aus dem uns nunmehr bereits bekannten Grunde, weil die Assoziationen an sich weit geringer an Zahl, wie die Vorstellungszahl gering ist, überdies noch weit lockerer bleiben, neuen Wahrnehmungen gegenüber kann standhalten und Verwachsungen um so spärlicher sind. je freier eben die Assoziationen gleichsam noch flottieren. Der Mangel an festen Begriffen und die Unvollkommenheit derselben, macht auch das Gesamtergebnis des durch die Assoziationen Gewonnene unvollkommen und unsicher. Das wirkt auf die Reproduktion und macht sich beim Versuch derselben geltend. — Dies aber gibt begreiflicherweise der Aussage des Kindes von Hause aus das Unsichere und Schwankende, das Labile.

Wir wenden uns einer anderen Kategorie der für die Aussage als wichtig bezeichneten psychischen Leistungen zu, dem Gedächtnis.

Das Gedächtnis. Sind wir bei der Definition des Begriffes „Aufmerksamkeit“ als einer relativ engen und umschriebenen psychischen Funktion auf Schwierigkeiten gestoßen, so sind solche in um so mehr gesteigertem Maße vorhanden, wenn es sich um eine Definition des „Gedächtnisses“ handelt, derjenigen psychischen Leistung, die alles Psychische umfaßt. Ob wir von Wahrnehmung sprechen, von Anschauung, Empfindung, von Vorstellung und Willen, oder, um uns des Schemas, das wir uns in Anlehnung an Groos von der Psyche und den psychischen Funktionen entworfen haben, weiter zu bedienen, ob wir sensorisches oder reproduktives, ob wir Assoziationen und Apperzeptionen oder Wertungen ins Auge fassen, das Gedächtnis umfaßt alles, es ist das Ganze der Psyche in einem zusammen, denn was aus dem Gedächtnis ausgelöscht ist vom psychischen Wesen und Sein, ist nicht mehr vorhanden überhaupt, und ein Mensch, dessen Gedächtnis wir völlig als ausgelöscht uns vorstellen wollten, ist nichts mehr als ein decapitiertes Wesen — ein psychisch Ausgelöschtes —. So ist Gedächtnis tatsächlich das ganze Bewußtsein. Darum umfaßt es Gegenwart und Vergangenheit, umfaßt es alles, was der Psyche seit Beginn des Bewußtseins von der Außenwelt zugetragen worden ist. — Alles, was von Erklärungen und Einteilungen versucht worden ist, bezieht sich nur auf Richtungen, und gibt uns die Richtungslinien an, der Anordnung dessen, was unsere Seele überhaupt zu eigen geworden ist. In diesem Sinne kann man sich mit Kants Einteilung befreunden, wenn er von dem mechanischen, dem judiziösen und dem ingeniösen Gedächtnis spricht, wobei man dem mechanischen Gedächtnisse die niederste Stufe einzuräumen vermag, während man judiziöses und ingeniöses Gedächtnis, weil es sich hier nicht um lockere Beziehungen nahe nebeneinander gelagerter Assoziationen, sondern um bis zu den äußersten Grenzen vordringenden, von den verschiedensten Seiten herbeigeholten und fest miteinander verschlungenen oder untrennbaren Apperzeptionen handelt, die also, wie man sich ausdrücken kann, logisch, schlüssig miteinander geknüpft sind, als die höheren, die leistungsfähigeren Stufen einzuschätzen vermag. — Tatsächlich ist das, was in logischem Zusammenhang in unser Bewußtsein übergegangen ist, in unserem Bewußtsein gestanden hat, dauernd in unserer Erinnerung, Gehalt unseres Gedächtnisses. Ich schließe mich in dieser Auffassung vollkommen der in einer wie mir scheint bisher zu wenig beachteten Studie niedergelegten Auffassung Friedrich

Kirchners[1]) an, dessen Deutung des Gedächtnisbegriffs mir bei weitem die richtigste zu sein scheint. — Ist das aber so, ist Gedächtnis wirklich nichts anderes, als unser Bewußtsein im ganzen, und ist Erinnerung, Sichbesinnen, lediglich Reproduktion, willkürlich oder unwillkürlich, wenngleich auf der Linie der „Wertungen" stehend, so werden wir alles, was wir für die Psyche des Kindes, im Gegensatze zu der des Erwachsenen, bisher zu unseren Betrachtungen herbeigezogen haben, hier verwenden können; denn tatsächlich handelt es sich ja um das Gleiche. Wir werden die Rückständigkeit des kindlichen Assoziationsvermögens, die Rückständigkeit in Aufmerksamkeit, Rückständigkeit in Auffassung und Erfassung, die Lockerheit der Verknüpfungen und Verwachsungen verwenden müssen, wenn es sich um Wertung des kindlichen Gedächtnisses handelt. — Wir wissen aus der Erfahrung und auch aus experimentellen Studien über die Wahrnehmung, daß die Kinder für die Wahrnehmung von Hause aus verschieden angelegt sind, disponiert sind, daß sich visuelle, akustische, auditive und motorische Typen unterscheiden lassen, wobei sich freilich, wie überall in der Natur, im Gegensatze zu dem, was der Mensch abstraktiv sich festlegt, die Kategorien nicht scharf trennen, sondern Übergänge und vor allem kombinierte Typen vorkommen. Bei alledem ist aber die Einteilung dieser Typen in dem Sinne heuristischer Forschung angenehm und ersprießlich, weil sie die Möglichkeit schafft, Studien über das Gedächtnis der Kinder zu machen und gewisse Erfahrungen, die, wenngleich zunächst in pädagogischer Beziehungen wertvoll, auch für das Studium der Aussage zu verwerten. Es scheint nach vielen, von Meumann, Netschajeff, Cohn, Ebbinghaus, Binet u. a. gemachten experimentellen Untersuchungen so, wie wenn das visuelle Gedächtnis in den jüngeren Altersstufen am ausgezeichnetsten ist, die Merkfähigkeit für visuelles Gefaßtes am besten ist; aber im ganzen haben doch die Untersuchungen ergeben, daß das Gedächtnis für alle Typen mit dem zunehmenden Lebensalter wachsen, und selbst die soviel gerühmte mechanische Gedächtnisleistung der Kinder steht nach Meu-

---

[1]) Friedrich Kirchner, Ueber das Gedächtnis. Berlin bei Georg Nauck 1892.

manns Untersuchungen hinter der der Erwachsenen zurück. — Ob freilich diese experimentell psychologischen Studien für die Wirklichkeit diejenige Bedeutung haben, wie man geneigt ist, ihnen zuzubilligen, ist doch noch fraglich; denn eine Grenze gibt es hier für den Erwachsenen, selbst wenn Übung und bewußter Wille mitsprechen, unweigerlich, wie die Wirklichkeit lehrt, und schon das Sprichwort damit kennzeichnet: „Was Hänschen nicht lernt, lernt Hans nimmermehr" — —. Worauf es uns hier ankommt, ist aber auch nicht, dasjenige, was der praktischen Pädagogik viel mehr näher liegt, die Verwertung des Studienergebnisses für den Zweck der Fortbildung; uns kommt es darauf an, die Haftung des zur Wahrnehmung Gebotenen und zwar vielfach in der Wirklichkeit momentan, blitzschnell entstanden und vorübergehend Gebotenen, die Auffassung und die Reproduktion in der Aussage zu verwerten. Wir wollen und müssen für die Frage der Aussage des Kindes verwerten, nicht allein, was und wie es wahrgenommen, was und wie es Wahrgenommenes im Bewußtsein fixiert hat, sondern auch wie weit und wie das aus dem Bewußtsein in der Aussage reproduzierte der Wirklichkeit entspricht, sich mit der Wirklichkeit deckt.

Für die Aussage ist aber bedeutungsvoll vor allem Umfang und Stärke des Gedächtnisses, d. h., wenn ich in Anlehnung sprechen will an W. Jerusalem[1]), die Zahl der Vorstellungen, d. h. die Reihenlänge derselben, die zur Verfügung steht, — sodann die Treue oder Verläßlichkeit, d. h. der Grad der Genauigkeit, mit dem reproduziert wird. Bleiben wir einen Augenblick hier noch bei dem stehen, was uns aus unseren bisherigen Betrachtungen bereits bekannt geworden ist, und dann, was wir sonst aus der Erfahrung wissen, so steht fest, daß die Reihenlänge der Vorstellungen schon um deswillen bei Kindern geringer ist, als bei Erwachsenen, weil die bereits vorhandenen Vorstellungsreihen, an welche apperzeptativ festgemacht werden kann, weitaus geringer ist, als beim Erwachsenen, daß aber weiterhin die Schnelligkeit der Wahrnehmung bzw. der Überführung des Wahrgenommenen in das Bewußtsein beim Kinde (nach den Ziehenschen Versuchen) minderwertig ist, beim Kinde,

S. Beetz II, S. 722.

gegenüber den Leistungen der Ewachsenen. So sehen wir hier bereits zwei bedenkliche Minderleistungen des kindlichen Gedächtnisses. — Wir können aber auch für die Treue des Gedächtnisses folgendes in Betracht ziehen, was aus der allgemeinen Erfahrung zur Verfügung steht. Wir wissen, daß Dinge, welche unser Gefühlsleben treffen, an denen unser Gemüt beteiligt ist, sehr lebhaft dem Gedächtnis zugeführt, intensiv in demselben haften bleiben. Was unter Angst, Sorge, Furcht wahrgenommen wird, haftet leicht und fest, nur ist die Wahrnehmung an sich durch Affekte, wie wir erfahren haben, vielfach unvollkommen oder gar falsch gemacht. So kommt es denn, daß von Hause aus dem kindlichen Gedächtnis unter falschen Gesichtswinkel aufgenommenen Wahrnehmungen fester haftbar übertragen werden; wir haben ferner aus der allgemeinen Erfahrung, daß die Aufmerksamkeit als Überträger der Wahrnehmung mit der wesentlichste Faktor ist; auch bezüglich der Aufmerksamkeit kann, noch dazu unter Mitwirkung der Gefühlsbetonung dem Bewußtsein vom Kinde nur Minderwertiges, im Vergleich mit dem Erwachsenen, übergeben werden; wo aber anscheinend auch ohne eigentliches Interesse, ohne besondere Anspannung der Aufmerksamkeit dennoch im Gedächtnis Dinge festhaftend geblieben zu sein scheinen, ist man doch bei genauerer Erforschung der Ursachen immer in der Lage herauszufinden, daß vorangegangene im Bewußtsein haftende Umstände (Vorstellungen) aus Ort, Zeit, Ähnlichkeit oder Kontrastwirkung die Angelpunkte der Fixation hergegeben haben. Auch hier wird der Erwachsene mit dem größeren Reichtum seiner Vorstellungen, der größeren Länge der Reihe der Vorstellungen (nach Zahl) dem Kinde überlegen sein. — Wie also auch immer wird des Kindes Gedächtnis geringer für die Aussage an Wert einzuschätzen sein. —

Und nun noch eine andere hochbedeutsame Erfahrung, die auf der Kehrseite des Gedächtnisses, dem Gebiete des Vergessens liegt. Hier ist die Dissoziation an der Arbeit, und wir wissen, daß die Zeit, die Entfernung von dem Ausgangspunkt der Wahrnehmung, der Zeitlänge nach, eine besondere Rolle spielt. Je flacher der dem Bewußtsein übertragene Eindruck war, je weniger fest gekünpft die Assoziation von Hause aus war, sei es, daß der Eindruck an sich zu flüchtig und rasch vorübergehend war, oder daß Interesse und Aufmerksamkeit zu geringwertig waren, destomehr werden die neu aufstoßenden, sich in der Zeit einander jagenden und verdrängenden Eindrücke bzw. Wahrnehmungen dazu beitragen, die vorangegangene Assoziation aus dem Bewußtsein zu schaffen; nicht vielleicht oft bis zum völligen Verlöschen, d. h. bis zur völligen Dissoziation, aber doch bis zur Dissoziation in dem Maße, daß es neuer homologer oder konstrastierender Wahrnehmungen bedarf, um die gelockerte Assoziation wieder zu wecken. Auch hier wird das Kind, wenn man will, besser oder schlechter daran sein, als der Erwachsene, weil bei im ganzen mehr lockeren Assoziationen die Dissoziation beim Kinde eine leichtere ist. Tatsächlich ist bei dem Kinde „Denken und Vergessen“ in einem Sack, wie Weinen und Lachen aus dem gleichen Grunde, dem Sprichwort nach, bei ihm in einem Sack sind. Damit ist aber auch schon unter den einfachen physologischen und normalen Verhältnissen die Treue und Verläßlichkeit des kindlichen Gedächtnisses für die Wirklichkeit in vielfache Frage gestellt. Es wird, wenn es sich um die Aussage handelt, weniger Verlaß darauf sein, als beim Erwachsenen. So mit dem Gedächtnis!

Nun aber noch des weitern m. H. zu einer anderen und fast möchte ich sagen wichtigsten Seite der kindlichen Psyche, zu den Fragen der Erinnerungstäuschungen, der Illusion, der Phantasie, der Suggestibilität, der Impressionabilität, der Lüge. — Hier tritt uns, wenn wir vorerst Pathologisches vollkommen noch ausschalten und nur normal psychologische und physiologische Verhältnisse ins Auge fassen, das Kind voll in seiner Sonderart gegenüber dem Erwachsenen in die Erscheinung, und wir haben mit den für die Aussagefrage bedeutsamsten Vorgängen zu tun.

Wenn wir bei der sinnlichen Wahrnehmung, sei es nach der quantitativen oder qualitativen Seite hin, von dem in Wirklichkeit Dargestellten und Vorhandenen abweichen, so unterliegen wir einer Illusion; wir gelangen so, wenn die Abweichung lediglich quantitativen Inhalts ist, meist zur Übertreibung, ist aber die Abirrung qualitativen Inhaltes, so gelangen wir zu mehr oder weniger vollkommen falschen Vorstellungen. Nach beiden Richtungen hin ist das Kind besonders leicht abzuirren geneigt und befähigt, immer wieder aus demselben Grunde, weil seine Vorstellungen auf nicht festgefügten, sondern locker gebundenen Assoziationen beruhen. Die nach der quantitativen Seite hin stattfindenden Abweichungen, die kindliche Übertreibung, ist um so leichter zu verstehen, als Maßverhältnisse und Zahlenbegriffe, Quantitätsvorstellungen dem Kinde durch Gewohnheit und Übung noch nicht genügend festgemacht sind, um nicht in der Reproduktion zu Abweichungen die Möglichkeit zu lassen. Man wird sonach auch, soweit es sich in den Aussagen von Kindern um quantitative Angaben handelt, die Aussagen von vornherein mit der größten Vorsicht aufzunehmen und zu verwerten haben. — Nach der qualitativen Seite hin machen sich die Mängel in den kindlichen Assoziationen besonders dahin bemerklich, daß sie den Anlaß dazu geben, daß Kinder leichter als Erwachsene den illusionsbefördernden Bedingungen unterliegen. So wird die Ähnlichkeit eines zur Wahrnehmung gebotenen Gegenstandes der Wirklichkeit mit dem fälschlich zur Vorstellung gelangten für das Kind zu einer Gefahr der Täuschung, wo der Erwachsene sofort durch hemmende und durch die Erfahrung gegebene illusionsvernichtende Vorstellungen gewarnt und behütet wird. Weit mehr aber noch als die eigentliche Illusion, d. h. die wirkliche Täuschung in der Wahrnehmung in dem Sinne, daß wir das zur Wahrnehmung Gebotene falsch auffassen und die falsche Auffassung für die Wirklichkeit sehen, spielt bei dem Kinde die Fähigkeit, daß es mit der falschen Auffassung das Bild der echten Wirklichkeit verknüpft, welches sich in seinem Bewußtsein befindet. Diese Eigenart führt es zum Spiele, und wir wissen ja, daß dem Kinde im Spiele gerade das zur Lust wird, daß es an den beliebigen in der Wirklichkeit gebotenen Gegenstand die in seiner Vorstellung festgewordenen Begriffe knüpft. Das Kind sieht in dem zusammengerollten Lappen die Puppe, in dem an die Leine gebundenen Stuhl das Pferd und den Wagen. Das Spiel wird so zu einer Kette von Illusionen, und zwar von bewußten Selbsttäuschungen, bzw. Abirrungen von der Wirklichkeit.

Von der einfachen Illusionsfähigkeit des Kindes, seiner Illusionslust, gelangen wir, indem wir einen Schritt weitergehen, zu jener Kombination von Illusionen, die man mit Phantasie bezeichnet. Die Phantasie ist im wesentlichen der psychische Vorgang, daß zu sinnlich Wahrgenommenem oder zu Vorstellungen, aus der Erfahrung oder aus Erlebtem, in unserem Bewußtsein Vorhandenen Ergänzungen, Erweiterungen, hinzugefügt werden, durch welche neue Vorstellungsgebilde erwachsen. Teilvorstellungen werden verknüpft, schwankend hin und her gefügt und Gebilde der Vorstellung geschaffen, die mit der Wirklichkeit der Dinge und der Geschehnisse sich nicht mehr decken. — Diese bei Kindern besonders in der Altersstufe bis zum siebenten, achten Lebensjahre so überaus entwickelte Fähigkeit der Kombination von Vorstellungen und Teilvorstellungen, im vollen Gegensatze zur Wirklichkeit, die später in Erfahrung und gefestigten Begriffen, im Verstande ihre Hemmungen erfährt, indes je nach individueller Anlage auch weit länger noch besteht und zur Quelle poesievollen Schaffens und der Kunst wird — sie wird für die Aussage zur größten Gefahr. Begreiflicherweise! — Wenn uns die Aussage die nackte Reproduktion der Wirklichkeit zur Kenntnis bringen soll, so ist dafür nichts stärker Gefährdendes auszudenken als die Illusion und die kombinatorische Phantasie. Und gerade hier sehen wir das Kind gleichsam von der Natur noch vorgebildet.

Das Kind lebt nach Anlage, Erziehung und Umwelt je in einem besonderen Kreise seiner so gebildeten Vorstellungen, in einem besonderen Kreise seiner kombinatorischen Gestaltungen, und es kommt lediglich darauf an, inwieweit gewisse, der Wirklichkeit nicht entsprechende Vorstellungen, welche von in die Erscheinung getretenen Vorgängen wohl ausgegangen sind, also von Wahrnehmungen induziert sind, sich in dem Bewußtsein fixieren, oder von Lust- oder Unlustempfindungen und Trieben beeinflußt, festgemacht und festgehalten werden. Es kann dann zu Vorstellungsgebilden und Vorstellungsverknüpfungen, selbst mit der Unterlegung von Kausalitäten, kommen, die in der Reproduktion als Aussage die größte und kaum widerlegliche Wahrscheinlichkeit zur Erscheinung bringen. So sind vielfach jene in den als causes celèbres berüchtigt gewordenen Aussagen der Kinder zustande gekommen und kommen immer wieder in Einzelprozessen, von denen niemand erfährt, in denen es sich aber um Ehre, Vermögen und Leben von Menschen handelt, zum Vorschein.

Und doch ist mit dem bisher Entwickelten nicht alles erschöpft, was unter Berücksichtigung der psychischen Vorgänge beim Kinde für die Aussage bedeutungsvoll wird. — Läßt man alles Theoretische beiseite und wendet sich der reinen praktischen Erfahrung zu, so begegnet uns im Kindesleben mit größter Deutlichkeit eine noch besonders bemerkenswerte Eigenschaft, das ist die, wie ich es bezeichnet habe, der Impressionabilität. — Das Kind ist von der Umwelt psychisch beeinflußbar; sie ist es, die sein Äußeres, seine Haltung und Art, auch seine Vorstellungen zu formen vermag, wandeln läßt. Durch Einrede, Zuspruch, ja selbst durch dem Kinde selbst nicht direkt gewidmete, an demselben gleichsam nur vorübergleitende Haltung der Umgebung und durch Äußerungen über Erscheinungen und Dinge, durch Hörensagen und Lektüre und durch tausend Allerlei, das anscheinend bedeutungslos ist, kann die Wirklichkeit dem Kinde gleichsam verschoben, in eine andere Beleuchtung, in einen anderen Wahrnehmungswinkel gerückt werden. Wir haben oben schon, bei der Frage der Wahrnehmung, davon gesprochen. Man spricht hier wohl schon von Suggestion und suggestiver Einwirkung des Milieus, der Umwelt. — Es kann sich aber hierbei um ganz unscheinbare, sonst unbeachtete Dinge handeln, die auf das sensible, so leicht und intensiv der Perzeption sich hingebende Kind den mächtigsten, für die Formung und Verknüpfung seiner Vorstellungen bedeutungsvollsten Eindruck machen. Hier liegt vielleicht die allergrößte Gefahr für die Aussage des Kindes. Das betont mit vollem Recht auch in seiner Studie über die kindliche Aussage Moll. Ist in der Umgebung eines Kindes viel von einem Vorgange gesprochen worden, ist ein Kind in den Bereich eines zur gerichtlichen Verhandlung kommenden Vorfalls mit hineinbezogen worden, indem es von Vorgängen, Handlungen, Reden auch nur Kenntnis erhält, so ist gar nicht zu ermessen, zu welchem Bilde sich in der Seele des Kindes angeregte Vorstellungen gestalten. Und nun gar, wenn das Kind im Zentrum der Vorgänge steht, wenn es sich als etwas Besonderes, Wichtiges in den Mittelpunkt der Geschehnisse hineingesetzt sieht, wenn dann Triebe angeregt, Vorstellungen wachgerufen werden, die an sich mit der Wirklichkeit der Vorgänge nichts zu tun haben! — Nichts Gefährlicheres für die Aussage, selbst wenn man anscheinend das Kind selbst oder direkt gar nicht zu beeinflussen im Sinne hatte. Bekannt ist ja Ihnen allen, m. H., die Gefahr der suggestiven Frage, wie ja aus den Aussagestudien von Binet, Stern, Lobsien u. v. a. hervorgegangen ist, und bei jedem Prozesse, in welchem es sich darum handelt, aus Kindern etwas herauszuholen, sich wiederholt. Darum soll ja auch, dies ist die allgemeine Überzeugung geworden, das Kind überhaupt, wenn irgend möglich, nicht gefragt werden, sondern es soll der eigenen selbständigen Erzählung und Berichterstattung möglichst alles überlassen werden. — Ohnedies wird im Gerichtsverfahren das Milieu des Gerichtshofes mit allen „drum" und „dran" ein Pressionsfaktor für die Impressionabilität des Kindes — und des Kindes leider nicht allein, sondern auch oft genug des Erwachsenen. — Nur vermag der Erwachsene die Tragweite der Bedeutung der Aussage und des Eides zu übersehen, er vermag sie einzuschätzen und unter dieser Einschätzung seine Seele zu befreien soweit, daß er bis an die ihm mögliche Grenze seiner Erinnerung an die Wirklichkeit zurückgeht. — Das Kind hat aber auch diese Verstandesfähigkeit noch nicht, es kennt nicht die Bedeutung seiner Aussage, und wenn der Richter ihm noch so eindringlich von der Gefährdung des Angeschuldigten durch die Aussage, von Gefährdung der Ehre, von Ehrverlust, Gefängnis und Tod spricht — das Kind kann sich, selbst wenn ihm ethische Begriffe und Vorstellungen schon geläufig sind, vorausgesetzt, daß es nicht bereits bis zur Pubertät schon vorgeschritten und bereits sciens bonum et malum, erfahrungsgeschult der eigentlichen Kindheit entrückt ist, — vielleicht an Jahren noch ein Kind, aber in vielen Vorstellungen bereits ausgereift — dennoch kaum der vollen Verantwortlichkeit seiner Aussage bewußt werden. So verständig Kinder sprechen und zu sein scheinen, so fehlt ihnen doch diese Einsicht. — Wir wissen jetzt, daß auch „Jugendliche" in vielen Stücken psychisch viel tiefer in der Kindheit stecken, als wir ihrem Wesen und ihren Handlungen nach ahnen; freilich wissen wir auch, daß ein Teil dieser „Jugendlichen" gar nicht physiologisch normal, sondern pathologisch ist.

Das führt uns auf das Gebiet der Kinderlügen. In den Studien zur Psychologie des Kindes nehmen die über die Lüge einen besonders großen Raum ein. Man hat insbesondere über die Altersstufe, in welcher die wirkliche, eigentliche Lüge auftritt und zur Beobachtung kommt, viel hin und her debattiert. Für unsere Frage der Kinderaussage vor Gericht haben diese Betrachtungen relativ wenig Bedeutung, weil wir es hier für uns zumeist wenigstens mit den Altersstufen zu tun haben, bei denen die Frage über das Bestehen ethischer Vorstellungen unzweifelhaft bejaht werden muß.

Wir definieren, glaube ich, recht gut mit Schäfer[1]) die Lüge als die Aussage unter dem vollen Bewußtsein der Unwahrheit, mit der gleichzeitigeu Absicht der Täuschung eines anderen. — Damit unterscheidet sich die Lüge ganz klar und bestimmt von dem Aussageirrtum. — Es wird nun freilich von einzelnen Beobachtern mit Bestimmtheit behauptet, daß schon Kinder von drei Jahren der Lüge im Sinne dieser Definition fähig sind. Freilich wird es schwer fallen, den psychologischen Vorgang, bei der Unbeholfenheit des so jungen Kindes sich zu äußern, seine Empfindungen, Vorstellungen und sein Wollen zur Kenntnis zu geben, wirklich bis ins Letzte zu analysieren; bei älteren Kindern kann aber über das Vorkommen der echten Lüge kein Zweifel bestehen; nur wird man auch bei diesen noch auf Unterscheidungen in dem Grenzgebiete zwischen Phantasie, zwischen spielerischer Falschdarstellung, Übertreibung, schalkhafter, ohne böse Absicht geschaffener Verdrehung und wirklich böswilliger Abweichung von der Wahrhaftigkeit zu achten haben. — Wo die Lüge als echt und der Definition voll entsprechende Falschaussage uns entgegentritt, kann sie ebenso der Ausdruck von bereits ererbten, wie durch das Milieu erworbenen fehlerhaften Trieben sein, wobei dann wirklich schlechte Motive, Eitelkeit, Ruhmrederei, Eigennutz, Boshaftigkeit und andere, nicht im einzelnen zu ergründende die Grundlage bilden und den Anlaß geben. Man kann bei sorgsamer Beachtung der gesamten Vorgänge, indem man ebensowohl ganz eingehend dieselben auseinanderlegt und durchforscht, die Lüge des Kindes

[1]) Carl Schaefer: Zeitschr. f. pädagog. Psychologie, Jahrg. VII, Heft 3.

aus den gewonnenen Einzelheiten der Tatsachen erkennen, man kann die Lüge weiterhin erkennen und nachweisen aus Widersprüchen, in welche das Kind bei der Unfähigkeit, den Kausalnexus der angegebenen Dinge im Ausspinnen der unrichtig angegebenen Tatsachen festzuhalten, sich leichter verfängt als der Erwachsene; man kann die Lüge erkennen aus gewissen Äußerlichkeiten in der Art der Darstellung, wie mir dies in einem Falle vor Gericht ganz bestimmt gelungen ist dadurch, daß das Kind — ein zehnjähriges Mädchen — flott und zusammenhängend die Tatsachen erzählte bis zu dem Moment, wo für die unwahre Beschuldigung (einer unsittlichen Berührung) die unrichtige und unwahre Angabe einsetzen sollte. — Auch die körperlichen, gleichsam als Reflexvorgänge im Äußern des Kindes sich kundgebenden Erscheinungen, Zwinkern mit den Augen, Zusammenkneifen und Spitzen des Mundes, Runzeln der Stirn, Unruhe in Arm- und Beinmuskeln, so daß unmotivierte Bewegungen zum Vorschein kommen, Änderung des Tonfalles u. dgl. für den guten Beobachter wohl bemerkbare Äußerungen, können die Lüge als solche kenntlich machen. — Allerdings läßt bei wirklich verdorbenen und schlecht gewordenen Kindern dies alles im Stich und gerade diese sind für die Aussage um so gefährlicher, als sie nicht allein imstande sind, durch die Sicherheit und Bewußtheit des Auftretens vor dem Richter zu täuschen, sondern auch noch besonders dadurch, daß gerade diese Kinder am ehesten andere Kinder, sei es suggestiv, sei es durch Vorspiegelungen und Drohungen, zu beeinflussen suchen; so kommen dann gleichsam Massenaussagen nach der gleichen Richtung der Fälschung der Wahrheit hin ausfallend, zum Vorschein, welche wohl imstande sind, im Gerichtssaale Eindruck zu machen. — Es wird kaum einen erfahrenen Richter geben, dem nicht diese Dinge schon vorgekommen sind, ja dieses zuletzt berührte Vorkommnis ist so relativ häufig, daß ich beispielsweise überrascht war, in einem von Moll berichteten Kriminalprozesse fast genau die Wiederholung dessen zu finden, was ich selbst erlebt habe, nämlich, daß ein verlogenes und boshaftes Kind ein anderes — in meinem Falle waren es mehrere Kinder — durch Drohungen zu dem Festhalten an einer Falschaussage bewog. In beiden Fällen ließ sich die Unschuld der

Angeklagten — in meinem Falle freilich erst nach sehr eingehender Beweisaufnahme — erweisen. — Bemerkenswert ist, daß bei derartigen Vorkommnissen im ganzen Mädchen häufiger die Beteiligten sind, als Knaben, wie denn die Wahrhaftigkeit der Mädchen — und leider auch im späteren Alter als Frauen — weit mehr schwankend ist, als die der Knaben und Männer; eine Tatsache, der der Richter in Kriminal- und auch in Ehescheidungsprozessen sehr wohl täte, eingedenk zu sein; in letzteren, um sich nicht durch schöne Augen mit obligatem, lieblichem Kindergesicht, durch Madonnenhaltung, und durch mit süßem Ton und Stimmklang, noch dazu mit dem Brustton der Überzeugung vorgebrachte unwahre Weiberaussagen gefangen nehmen und von der Richtigkeit des Rechtsspruches abdrängen zu lassen. — Dieser Frauentyp, so gefährlich wie nur denkbar, des mögen die Richter stets sich bewußt sein, beginnt schon im Mädchenalter die Grundlinien zu zeigen. Reizend, lieblich und etwas altklug sind diese jungen Mädchen die allergefährlichsten Zeugen; unbewußte und bewußte Falschaussagen sind geradezu Teilerscheinungen ihres ganzen sonstigen Verhaltens. Sie werden später der Schrecken der unglücklichen, in ihren Bereich gelangten Männer, und vermögen auch sonst das größte Unheil anzustiften und zu vollziehen.

Die Lüge kann, wie gesagt, ein noch innerhalb der Grenzen des psychisch Normalen, bei dem Kinde geschehendes Erzeugnis sein; vielfach erwächst sie aber auf pathologischem Boden. — Wir haben bis jetzt nur von physiologisch normalen Kindern und deren Psyche gesprochen; ein ganz anderes Bild entrollt sich, wenn wir das pathologische Kind ins Auge fassen. Es würde aber zu weit führen, wenn hier auf krankhafte Vorgänge wie Hysterie, Epilepsie, Neurasthenie, auf die pathologische Pseudologia phantastica im Zusammenhang mit diesen großen Krankheiten eingegangen würde. Vielleicht kann davon ein andermal die Rede sein, auch auf andere Psychopathien des Kindesalters will ich nicht eingehen; es wäre sonst eine Charakteristik der Dementia praecox, Hebephrenie mit Gemütsdepressionen, mit Sinnestäuschungen, und manischer Zustände usw. zu geben. — Wir wollen dies alles unterlassen und nur den „Schwachsinn" kurz beleuchten, weil derselbe sich in seinen minimalsten Formen schwer erkennen läßt, und weil er selbst in diesen eine erhebliche Beeinträchtigung der Aussage herbeizuführen imstande ist. — Der Schwachsinn, in seiner schwersten Form als Idiotie ohne weiteres kenntlich, kann in den milderen Graden als Imbezillität oder Debilität selbst geübten Psychiatern und Kinderärzten diagnostische Schwierigkeiten bereiten, weil bei anscheinend leidlicher intellektueller Anlage und leidlicher intellektueller Entwicklung dennoch Defekte auf dem Gebiete der Sinneswahrnehmungen, der Apperzeption und der Assoziationen bestehen können, welche ebensowohl die Grundlage der Aussage, die eigentliche Wahrnehmung, wie die Reproduktion von der Wirklichkeit entfernen. — Es sind neuerdings von Ziehen sorgsame Methoden der Prüfung auf Schwachsinn entworfen und zum Gemeingut der Ärzte gemacht worden. Dieselben beziehen sich auf alle Kategorien der psychologischen Funktionen; diese brauchen zwar nicht dem Juristen, sondern nur dem Gerichtsarzte geläufig zu sein; deshalb wird es in irgend zweifelhaften Fällen stets zweckentsprechend sein können, den Arzt behufs Beurteilung besonders auffallender Zeugenaussagen zu Rate zu ziehen. Es wird möglich sein, in manchen Fällen Illusionen, Phantasien und Lügen auf Schwachsinn zurückzuführen und die fehlerhafte Aussage auszuschalten. — Für die richterliche Praxis wird es genügen darauf hinzuweisen, daß auch der nicht psychiatrisch geschulte Richter sich einigermaßen über das Vorhandensein von Schwachsinn insoweit wenigstens zu orientieren imstande sein müßte, daß ihm die Möglichkeit geboten ist, über die Wertigkeit einer Aussage in Zweifel zu kommen. Er wird imstande sein, die Notwendigkeit der Herbeiziehung eines sachverständigen Psychiaters einzusehen und zu beschließen, wenn er des neuerdings seitens der Psychiater selbst benutzten Kunstgriffs sich bedient, daß er den Versuch macht, das aussagende Kind mit einem als bestimmt normal kenntlichen gleicher Altersstufe zu vergleichen. Wo der Vergleich wesentliche Differenzen nach der Empfindungs-, Gefühls- und Intellektseite hervortreten läßt, wird die Herbeiziehung des Sachverständigen geboten erscheinen, und das Urteil über die Gebrauchsfähigkeit der Aussage auf dem Sachverständigenurteil sich aufbauen müssen. —

M. H. Ich bin am Schluß. —

Lassen Sie mich in wenigen kurzen Sätzen das Ergebnis unserer Untersuchung und die daraus zu folgernden Schlüsse zusammenfassen. Es hat sich folgendes wohl erweisen lassen:

1. Das Kind ist vermöge seiner physischen und psychischen Beschaffenheit schon unter normalen Verhältnissen ein mangelhafter, weil unsicherer und unzuverlässiger Zeuge.
2. Das Kind kann mit schwierig zu ermittelnden pathologischen, physischen und psychischen Zuständen, die wissenschaftlich unter der Diagnose des „Schwachsinns" zusammengefaßt werden, behaftet sein, welche es zur Zeugenaussage ungeeignet und unfähig machen.

Daraus ist für die Rechtspflege der Schluß zu ziehen:

3. Das Kind ist, wenn es irgendmöglich erscheint, am besten von der Zeugenaussage gänzlich fern zu halten — wie dies tatsächlich nach schwedischem Gesetz geschieht, wo das Kind bis zum beendeten 16. Lebensjahre als Zeuge nicht verwendet werden darf.
4. Auf die Zeugenaussage von Kindern allein soll aber zum mindesten eine Verurteilung nicht erfolgen dürfen.
5. Die Tatsache, daß Zustände von Schwachsinn schwierig zu ermitteln sind, erheischt es, gelegentlich der unvermeidlichen Herbeiziehung von Kindern zur Aussage, durch ärztlich sachverständige Begutachtung ihre Zeugenfähigkeit ermitteln zu lassen.

Druck von C. Schulze & Co., G. m. b. H., Gräfenhainichen.

FSC
www.fsc.org
MIX
Papier | Fördert
gute Waldnutzung
FSC® C083411

Kolibri 360 GmbH
Ferdinand-Jühlke-Straße 7
99095 Erfurt, Deutschland
produktsicherheit@kolibri360.de